Une histoire de fil

Didier Lévy est né en 1964. Le matin, il écrit des articles pour des magazines, et l'après-midi, des histoires pour les enfants. Il aime bien les araignées, enfin tant qu'elles sont petites et pas trop velues...

Kaori Souvignet est japonaise.
Elle a grandi à Tokyo dans le bruit et la pollution. Depuis 20 ans, elle vit en France à la campagne et passe beaucoup de temps à observer le monde qui l'entoure.

Collection dirigée par Laurence Kiefé

Conception graphique : studio Mango

Loi n° 49.956 du 16 juillet 1949 sur les publications destinées à la jeunesse
Dépôt légal : janvier 2003
ISBN : 2-7404-1516-8
Imprimé en France par *Partenaires-Livres®*

Didier Lévy

Une histoire de fil

Illustrations de

Kaori Souvignet

BiBLiO MANGO

1

Ariane visite les poubelles du parc.
Dans l'une d'elles, près
d'une baraque en bois, l'araignée
aperçoit une chose étrange...
Cette chose a une tête de poupée,
un corps en bois et des fils
qui partent d'un peu partout.

Intriguée, Ariane s'approche.
Pas de réaction de la chose.
L'araignée avance tout doucement une de ses huit pattes et touche la chose. Toujours pas de réaction.
Ariane attrape alors un des fils et tire dessus. Une jambe se lève !
L'araignée tire sur un autre fil.
Maintenant, c'est un bras qui bouge.

— Tu t'amuses bien ? demande soudain la chose avec froideur.
L'araignée sursaute.
— Tu... tu parles, mais tu es qui ?
— Une marionnette, ça ne se voit pas ?

L'araignée ouvre de grands yeux.

— C'est quoi, ça, une marionnette ?

— Et toi, d'abord, qui es-tu ?

— Moi, je suis une araignée.

J'ai aussi un fil, là, au ventre.

Je peux faire plein de trucs avec.

Et l'araignée se lance aussitôt dans une démonstration d'acrobatie qui n'intéresse pas du tout la marionnette.

2

Son numéro terminé, Ariane retourne à côté de la chose.

— Tu t'appelles comment, marionnette ?

— Suzette.

— Moi, c'est Ariane. Qu'est-ce que tu fabriques dans cette poubelle, Suzette ?

— Tu m'énerves à la fin avec tes questions ! On m'a jetée parce que je suis vieille et abîmée et qu'on m'a trouvé une remplaçante.
Voilà, tu es contente !
Les yeux de Suzette se remplissent de larmes.
La marionnette a l'air si malheureuse qu'Ariane se sent à son tour gagnée par la tristesse.

Depuis quelques instants,
une foule d'enfants se masse
devant la maison en bois.
L'araignée les regarde entrer,
intriguée.

— Le spectacle va commencer, explique Suzette, calmée.
— Le spectacle ? répète Ariane.
— Le spectacle du théâtre de marionnettes, soupire Suzette.

De plus en plus intriguée, l'araignée sort de la poubelle et se faufile à l'intérieur du théâtre, par l'arrière. La voilà dans les coulisses.

D'où elle est, l'araignée voit deux hommes qui agitent les fils des marionnettes. Elle voit aussi la nouvelle Suzette, toute neuve, toute pimpante, qui danse devant les enfants.

3

De retour dans la poubelle, Ariane demande :

— Tu ne peux pas bouger, c'est bien ça ?

— Non, toute seule, je ne peux rien faire, répond Suzette. Maintenant va-t-en, les éboueurs vont bientôt venir me chercher. Je veux que tu me laisses tranquille.

L'araignée lève les yeux au ciel en soupirant :

— Ah la la, ce qu'il ne faut pas entendre !

Elle prend la marionnette dans ses bras et elles sortent de la poubelle.

— Où m'emmènes-tu ? demande Suzette, surprise.

— Chez moi.
Suzette dans les bras, Ariane traverse une rue, une place et encore une rue.
Arrivée au pied d'un immeuble, Ariane attache la marionnette à un double fil d'araignée qui pend et elle la hisse.

Suzette crie :
— Redescends-moi tout de suite !
J'ai le vertige.
— Du calme, dit Ariane en tirant sur le fil.

4

Une fois la marionnette sous le toit, Ariane fait un nœud pour que Suzette ne retombe pas. Puis à son tour, elle monte et installe la marionnette dans sa toile.

— Je veux redescendre ! Je veux redescendre !

Alerté par les cris, un vieux chat
de gouttière s'approche.
En voyant sa tête toute cabossée,
Suzette a soudain si peur
qu'elle fait un bond terrible !
La voilà dans les airs.
Et là voilà qui retombe.
Elle va s'écraser six étages plus bas !
Mais Ariane plonge
et la rattrape au vol.
Même Tarzan n'aurait pas mieux
fait.

— Je croyais que tu étais incapable de bouger toute seule, dit Ariane en remontant avec la marionnette dans ses bras.
— Moi aussi, je le croyais, répond Suzette, émue et souriante.

5

Arrivée sur le toit, Suzette ôte un à un ses fils. Le chat de gouttière s'approche.

— Désolé de t'avoir fait peur, dit-il penaud.

— Au contraire, merci de m'avoir fait peur, répond la marionnette.

Toute la journée, Suzette marche
sur le toit.
Elle observe, émerveillée,
ses bras et ses jambes
qui bougent désormais
sans fil ni marionnettiste.
— Je voudrais aller me promener,
dit la marionnette, le soir venu.
L'araignée la conduit jusqu'au fil
pour la faire redescendre.
— Non, pas par le fil, dit Suzette.
Plus de fil, merci.
Ariane emmène alors Suzette
jusqu'à un vasistas. La marionnette
l'ouvre, saute sur le palier
puis descend les marches
de l'escalier.

Du toit, l'araignée et le chat
la regardent sortir de l'immeuble
et s'éloigner dans la nuit.
— Tu penses qu'elle va revenir
nous voir ? demande Ariane.
— J'aimerais bien, dit le chat.
Je crois qu'elle pourrait devenir
une copine.

Le chat et l'araignée
discutent encore un peu,
puis ils s'endorment,
blottis
l'un contre l'autre.

Quand Suzette revient avec
les croissants, le lendemain matin,
ils dorment toujours.
Alors, à son tour,
elle se blottit contre eux,
et elle s'endort.

Dans la même collection

Les Dubulot
Au boulot, les Dubulot !
Le canot des Dubulot
Didier Dufresne
Peter Allen

Le petit monde de Mlle Prout
La machine à raconter l'école
Les monstres de la nuit
François Welgryn
Claire Payen

Une histoire de fil
Didier Lévy
Kaori Souvignet

Le menteur
Jean-Loup Craipeau
Sandra Poirot-Chérif

La vérité sur les fessées
Martine Dorra
Clotilde Perrin

Les fantômes de Belleville
Thierry Jonquet
Éric Héliot

Robinson couteau suisse
Bruno Heitz

Poker Matou
Pierre Mezinski
Nancy Krawczyk

Magie noire et
pommes pourries
Olivier Ka
Frédéric Rébéna

La petite joueuse d'échecs
Robert Belfiore

Hector et l'Archange
de Chihuahua
Anne-Marie Pol
Cécile Geiger

Un chat comme moi
Pascal Garnier
Lætitia Le Saux

Belphégor
Le masque de glace
L'œil du dragon
Michel Laporte

collectionne les points BiblioMango et gagne des livres !

9 points **BiblioMango**
= 1 livre gratuit

•

Pour recevoir le dixième titre de ton choix,
découpe et colle tes neuf points sur une feuille.

•

N'oublie pas de mentionner ton nom, ton prénom,
ton âge et ton adresse complète
ainsi que le titre que tu as choisi
dans la collection BiblioMango.

•

Renvoie cette feuille à :
BIBLIOMANGO
4, rue Caroline - 75858 Paris cedex 17

BIBLIOMANGO

1 point